Vermarktung und Vertrieb in der Dritten Fußball-Bundesliga. Datenanalyse, Maßnahmenplan, Sponsoringverhandlungen

Lukas Faria

Bibliografische Information der Deutschen Nationalbibliothek:

Die Deutsche Nationalbibliothek verzeichnet diese Publikation in der Deutschen Nationalbibliografie; detaillierte bibliografische Daten sind im Internet über http://dnb.d-nb.de abrufbar.

ISBN: 9783346631473
Dieses Buch ist auch als E-Book erhältlich.

© GRIN Publishing GmbH
Nymphenburger Straße 86
80636 München

Druck und Bindung: Books on Demand GmbH, Norderstedt Germany
Gedruckt auf säurefreiem Papier aus verantwortungsvollen Quellen

Das vorliegende Werk wurde sorgfältig erarbeitet. Dennoch übernehmen Autoren und Verlag für die Richtigkeit von Angaben, Hinweisen, Links und Ratschlägen sowie eventuelle Druckfehler keine Haftung.

Das Buch bei GRIN: https://www.grin.com/document/1184679

Deutsche Hochschule für
Prävention und Gesundheitsmanagement
Hermann-Neuberger-Sportschule 3
66123 Saarbrücken

Hausarbeit

Name, Vorname	Faria, Lukas
Studiengang	Sportökonomie (Master)
Studienmodul	Vermarktung und Vertrieb in Sportmärkten
Datum Präsenzphase (siehe Ergebnisdokumentation)	19.07.2021 – 21.07.2021

Inhaltsverzeichnis

1 Analyse des Vermarktungspotenzials

1.1 Kriterienkatalog

Die folgende Tabelle stellt einen Kriterienkatalog für die Vermarktung dar, der eine Grundlage für wesentliche Vermarktungspotenziale bieten soll.

Tab. 1: Kriterienkatalog (eigene Darstellung)

Kategorien	Fragen
Fan	• Inwiefern wird der Fan in das Vereinsleben mit einbezogen? Bekommt der Fan Einblicke hinter die Kulissen und die Mannschaft? • Welchen Stellenwert hat der Fan für den Verein und wie stark ist die Fan-Verein-Bindung? • Welche Kommunikationsmöglichkeiten stellt der Verein den Fans zur Verfügung?
Sponsoring	• Wie hoch sind die Sponsoringeinnahmen? • Welche Sponsoringpakete bietet der Verein bereits an und welche werden am häufigsten mit den Sponsoren umgesetzt? • Welche potenziellen Sponsoren sind für den Verein interessant und gefragt?
Ticketing	• Über welche Plattformen kann ein Fan/Zuschauer Tickets für Spiele bei dem Verein erwerben? • Welche Preiskategorien bietet der Verein in seinem Stadion an? • Welche möglichen Probleme oder Herausforderungen könnten mit dem aktuellen Ticketing-System des Vereins entstehen und wie kann der Verein diese Schwierigkeiten umgehen?
Merchandising	• Welche Merchandisingprodukte bringen Gewinne, welche sind für Verluste verantwortlich? • Welche Merchandisingprodukte bietet der Verein bereits an? • Über welche Vertriebswege werden die Merchandisingprodukte vermarktet und bewegt?
Medienpräsenz	• Auf welchen Kanälen ist der Verein bereits aktiv? • Wie hoch ist die mediale Präsenz bei Spielen und weiteren Veranstaltungen des Vereins? • Inwiefern kommuniziert der Verein nach außen über die sozialen Netzwerke?
Zuschauer	• Wie stark werden die Zuschauer bei Heimspielen in das Spielgeschehen involviert? • Welche optischen und akustischen Mittel werden bei Heimspielen eingesetzt, damit die Zuschauer die Mannschaft aktiv und emotional unterstützen? • Inwiefern versucht der Verein bei Heimspielen einen Zuschauer zum Fan zu machen?

1.2 Markenbild

1.2.1 Markeneisberg

Im Folgenden wird ein Markeneisberg des „Sportkicker Rot-Weiß Mannheim e. V." tabellarisch aufgezeigt.

Tab. 2: Markeneisberg (eigene Darstellung)

Aktueller Markenauftritt	
Positiv	**Negativ**
• Verein begeistert über Jahre mehrere Tausend Zuschauer zu ihren Heimspielen in der 3. Liga • Spendenscheck in Höhe von 8.000€ an das Projekt „Aufwind Mannheim": der Erlös stammt aus dem Trikotverkauf der Sonderedition mit dem „Söhne Mannheims"-Logo auf der Brust • Trikot-Versteigerung für guten Zweck: 31 Game Worn Jerseys der Partie gegen Borussia Mönchengladbach werden versteigert. Die Erlöse gehen an die KinderHelden Organisation • Sportkicker RW-Mannheim vs. FC Basel im Auftrag des guten Zwecks: das Benefiz-Event wird von den „Mannheimer Wölfen" gemeinsam mit ihrem Charity-Partner, dem Verein „Hilfe im Kampf gegen Krebs", veranstaltet.	• Starke Fanunruhen und -ausschreitungen nach Niederlage gegen Mainz 05 II: 15 Personen wurden verletzt, Fans mussten wegen Hundebissen im Krankenhaus behandeln lassen • Fans des Vereins haben beim Auswärtsspiel gegen die Sportfreunde Lotte Pyrotechnik im Stadion gezündet: es kam zu Bränden der Zaunfahne und weiterer Bannern • Ausstieg der „Mannheimer Runde"wegen Einstieg von Mäzen Horst Loft als Investor der Sportkicker RW Mannheim. Die MR möchte sich nicht von einem Investor abhängig machen • Fehleinkäufe und eine zu dünn besetzte Offensive repräsentieren sportliche Flops
Vergangener Markenauftritt	
Positiv	**Negativ**
• 1998 und 2000 Badischer Pokalsieger • 2009 Meister der Oberliga Baden-Württemberg • 2010 Meister der Regionalliga Südwest DFB-Viertelfinale • 3. Liga seit der Saison 2010/2011 • Bekannt für seine Treue zur Industrie und Handwerk der Seilerei • Verein setzte sich in den 70ern für bessere Arbeitsbedingungen ein und veranstaltete Benefizspiele zur Unterstützung von Benachteiligten • „Soziale Stütze" für Vereinsmitglieder • Verein engagiert sich mehr für die Jugend mit verschiedenen Projekten in der Metropolregion Rhein-Neckar.	• In den 80er Jahren Rückgang der Mitglieder aufgrund der Skandale der Vorstände: Veruntreue von Spieleinnahmen und Geschäfte mit Ausrüstern im Ausland, in denen Kinderarbeit für die Produktion eingesetzt wurden • 2004 drohte der nächste Skandal: der Verein soll über einen Scheinvertrag Sponsorengelder in Höhe von 200.000€ von der Caritas-Trägergesellschaft Trier (ctt) erhalten haben, ohne jemals die im Schriftstück aufgeführten Gegenleistungen erbracht zu haben • Korruptionen und fragwürdige Geschäfte führten Ende der 90er Jahre zu einem Höhepunkt von gewaltbereiten Fanausschreitungen • Mangelnder Umgang mit Investitionsbudget und zwei Fehleinkäufe

1.2.2 Einzigartigkeit des Clubs

Der Sportkicker RW-Mannheim e. V. zeichnet sich durch verschiedene Aktionen und Events aus, die mit bestimmten positiven Assoziationen verbunden sind. Im Folgenden werden sieben Assoziationen mit einem jeweiligen Beispiel beschrieben:

- Treu: Der Verein ist für seine Treue zur Industrie und Handwerk der Seilerei bekannt.

- Engagiert: Der Verein engagiert sich mehr für die Jugend mit verschiedenen Projekten in der Metropolregion Rhein-Neckar.

- Hilfsbereit: Jährlich wird das Benefiz-Event von den „Mannheimer Wölfen" gemeinsam mit ihrem Charity-Partner, dem Verein „Hilfe im Kampf gegen Krebs", veranstaltet. Mit Hilfe von Erlösen wird die Forschung des Uniklinikums Mannheim gegen Krebs finanziell unterstützt.

- Sozial: Trikot-Versteigerung für guten Zweck - 31 Game Worn Jerseys der Partie gegen Borussia Mönchengladbach werden versteigert. Die Erlöse gehen an die Kinder-Helden Organisation, die Kinder mit erschwerten Startbedingungen fördert.

- Bereitwillig: Spendenscheck in Höhe von 8.000€ an das Projekt „Aufwind Mannheim": der Erlös stammt aus dem Trikotverkauf der Sonderedition mit dem „Söhne Mannheims"-Logo auf der Brust.

- Heimisch: Der Mitgliederzuwachs besteht noch heute zum größten Teil aus Vereinsmitgliedern, die in Handwerks- und Industriebetrieben tätig sind und den Verein als soziale Stütze sehen.

- Bodenständig: Der Verein setzte sich in den 70ern für bessere Arbeitsbedingungen ein und veranstaltete Benefizspiele zur Unterstützung von Benachteiligten.

1.2.3 Markenbild

Im Jahr 1928 gründeten junge Arbeiter der Firma „Seilwolff Wolff SIWO" im Südwesten Mannheims eine Mannschaft mit dem Namen „Fußballgesellschaft Seilwolff". Im Jahr 1980 wurde ein neuer Verein mit dem Namen „Sportkicker RW Mannheim" und den Farben Rot-Weiß von 36 jungen Männern, darunter einige Mitglieder der Firma, gegründet. Obwohl nach 125 Jahren die Firma "Seilwolff Wolff SIWO" geschlossen werden musste, blieb der Verein bestehen und wurde zum Symbol der Arbeiter im Industriestadtteil. Heutzutage zählt der Fußballverein rund 7.350 Mitglieder und wurde bekannt durch seine Treue zur Industrie und zum Handwerk der Seilerei. Der Mitgliederzuwachs besteht stets heute aus Vereinsmitgliedern, die in Handwerks- und Industriebetrieben tätig sind und den Verein als soziale Stütze betrachten. Der Verein zeigt sich sehr bodenständig und

menschlich, da er sich bereits in den 70er Jahren für bessere Arbeitsbedingungen einge-
setzt und Benefizspiele zur Unterstützung von Benachteiligten veranstaltet hat. Auch
heutzutage repräsentiert sich der Verein engagiert, sozial, hilfsbereit und bereitwillig, indem er verschiedene soziale Projekte (finanziell) unterstützt. Derzeit spielen die Rot-Wei-
ßen aus Mannheim in der 3. Liga und begeistern seit Jahren mehrere Tausend Zuschauer
zu ihren Heimspielen mit dem Slogan „Willkommen auf der Insel".

1.3 Sponsoring Prozess

In der folgenden Abbildung wird der Sponsoringprozess des Vereins dargestellt.

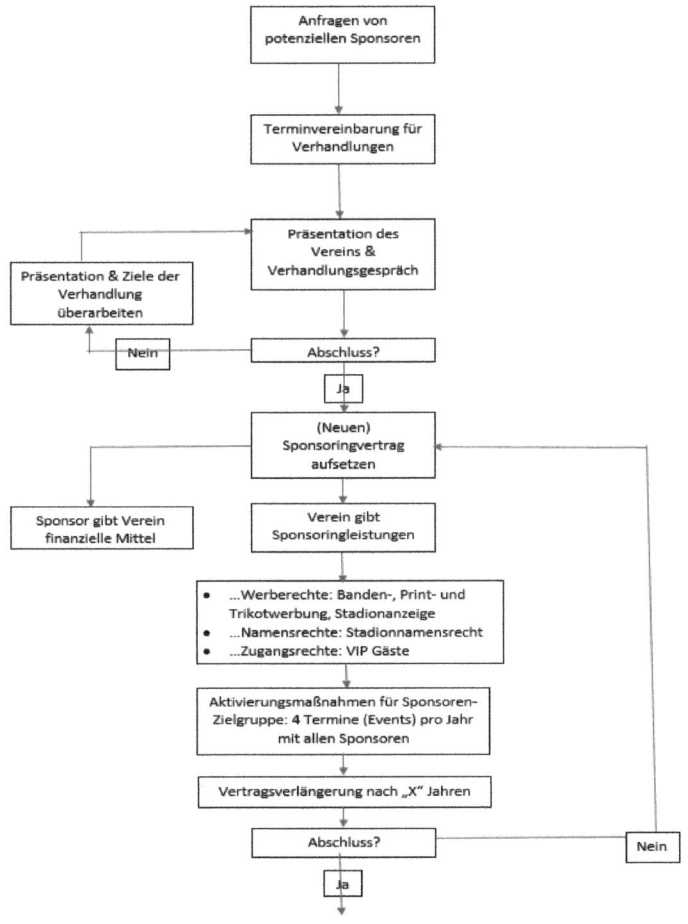

Abb. 1: Sponsoringprozess als Flussdiagramm (eigene Darstellung)

Sponsoring ist für den Fußballverein aus Mannheim neben Ticketing und Merchandising von essenzieller Bedeutung, da hierdurch wichtige finanzielle Mittel generiert werden. Für den organisatorischen Ablauf des Sponsoringprozesses ist nur der Geschäftsführer Torsten Heim verantwortlich, weswegen dem Verein im Sponsoringbereich eindeutige Strukturen fehlen. Weitere Gründe hierfür sind die fehlenden Mitarbeiter und zu geringe finanzielle Mittel. Dementsprechend steht der Verein „Sportkicker Rot-Weiß Mannheim e. V." hinsichtlich professioneller Sponsoringprozesse und -geschäfte noch in den Startlöchern. Bisher agiert der Verein im Sponsoring wie folgt:

Der Verein erhält durch Beziehungen oder auf dem klassischen Weg Anfragen von potenziellen Sponsoren, mit denen ein Termin zur Verhandlung vereinbart wird. Der Geschäftsführer Torsten Heim fährt daraufhin persönlich mit einer Präsentation und klaren Zielen für einen möglichen Vertragsabschluss zum Sponsor. Falls es nach dem Gespräch zu keinem Abschluss kommt, überarbeitet der Verein seine Ziele und versucht erneut eine Verhandlung anzustreben. Kommt es zu einem Vertragsabschluss, wird ein gemeinsamer Sponsoringvertrag aufgesetzt, in dem die Leistungen von Sponsor an Verein sowie von Verein an Sponsor schriftlich festgehalten werden. Der Sponsor unterstützt den Verein mit finanziellen Mitteln, damit die wirtschaftlichen sowie sportlichen Ziele des Vereins erreicht werden. Der Verein bietet dem Sponsor eine Auswahl aus sechs Sponsoringpaketen, von denen sich der Sponsor für eins entscheiden kann. Diese Pakete enthalten unterschiedliche Werbe-, Namens- und Zugangsrechte. Des Weiteren hat der Sponsor die Möglichkeit mit den Spielern, Trainer oder dem Präsidium bei Heimspielen zu sprechen. Damit die Zielgruppe des Sponsors zugleich angesprochen wird, veranstaltet der Verein an vier Terminen im Jahr ein Event, zu dem alle Sponsoren eingeladen sind. Nach Ablauf des Sponsoringvertrages versucht der Verein eine Vertragsverlängerung mit dem Sponsor zu erzielen.

1.4 Analyse des Wettbewerbspotenzials

Bei der Analyse des Wettbewerbspotenzials der 3. Liga in der Saison 2019/2020 ist festzuhalten, dass die Kennzahlen von der Corona-Krise maßgeblich beeinflusst wurden und deswegen kein direkter Vergleich zu den Saisonjahren zuvor durchgeführt werden kann.

1.4.1 Vermarktungspotenzial der 3. Liga

Fans/Zuschauer*innen

Fans und Zuschauer*innen sind dank ihrer aktiven Rolle sehr bedeutende Konsumenten für die Vereine und haben deshalb als Kommunikatoren und Multiplikatoren ein hohes Vermarktungspotenzial für die 3. Ligisten. Da sie regelmäßig Produkte und Dienstleistungen konsumieren, kennzeichnet sie eine hohe Kaufkraft und sind aus diesem Grund auch für Sponsoren sowie Medienunternehmen sehr interessant. Hinzu kommt die Mund-zu-Mund Propaganda zu weiteren Fans/Interessenten von Vereinen, indem sie ihre Vereinszugehörigkeit zum Ausdruck bringen und dadurch ihren Verein indirekt vermarkten. „Mit 2,348 Millionen Besucher*innen (6.181 im Schnitt) erreichte die 3. Liga den vierthöchsten Wert ihrer Geschichte, obwohl die letzten 110 der 380 Spiele ohne Publikum in den Stadien ausgetragen werden mussten" (Deutscher Fußball-Bund e. V. (DFB), 2020).

Medienrechte (Free-TV, Pay-TV, Social Media)

Die Fußballvereine haben ein großes Interesse an der medialen Verteilung der von ihren Teams produzierten Leistung. Die Sichtbarkeit der Vereinsmarke, die vereinseigene Reichweite sowie Bekanntheit außerhalb der Stadien werden durch Live- und zeitversetzte Übertragungen um ein Vielfaches multipliziert und gesteigert. Überträgt man die Theorie in die Praxis, ist zu sagen, dass in der Saison 2019/2020 rund 1.500 Stunden zur 3. Liga gesendet wurden (Deutscher Fußball-Bund e. V. (DFB), 2020). „880 Millionen Zuschauer*innen verzeichnete die 3. Liga. Rechnet man die Corona-Pause heraus, waren es mehr als 760 Millionen und damit immer noch knapp 50 Prozent mehr als in der Spielzeit 2017/2018", so der DFB (2020) in seinem Saisonreport 2019/2020. Rechnet man diese Kennzahlen auf einen einzelnen Spieltag herunter, verfolgten im Schnitt knapp eine Million Interessierte (995.000) das Livegeschehen in der 3. Liga auf den Bildschirmen (Deutscher Fußball-Bund e. V. (DFB), 2020). Eine weitere sehr bedeutende Mediennutzung von Vereinen sind heutezutage die Social-Media-Kanäle. Im Jahr 2020 gaben 89 % der 16- bis 24-jährigen und 73 % der 25- bis 44-jährigen an, dass sie regelmäßig auf sozialen Netzwerken aktiv sind (Rabe, 2021). „Die Social-Media-Auftritte der 20 Klubs und die offiziellen Kanäle der 3. Liga gewannen während der Saison 2019/2020 knapp 683.000 Fans hinzu und hatten nach Abschluss der Spielzeit insgesamt 4,136 Millionen Follower*innen" (Deutscher Fußball-Bund e. V. (DFB), 2020).

Bei der Vermarktungssituation eines Fußballvereins ist der Sponsor ein essenzieller Bestandteil für weitere finanzielle Einnahmen. In Bezug auf die 3. Liga ist festzuhalten, dass Unternehmen mit sportorientierter Marketingstruktur eine gewisse Leistung in Form von finanziellen Mitteln oder Dienstleistungen an einen Fußballverein abgeben und dafür eine Steigerung des Bekanntheitsgrades, einen höheren Absatz des Produktes oder eine Erhöhung des Images erwarten. Der DFB (2020) stellt in seinem Saisonbericht 2019/2020 dar, dass der durchschnittliche Gesamtertrag im Vergleich zur Vorsaison erhöht und ein neuer Höchstwert seit Gründung der 3. Liga erreicht wurde. „Maßgeblich für diesen Erfolg war die Steigerung der Sponsoringerträge. Mit einem Anteil von über 38 % am Gesamtumsatz nehmen die Vermarktung und die Partnerschaften einen wesentlichen Platz im Ertragsmix ein", so der DFB (2020). Die finanziellen Erträge aus Sponsoringeinnahmen betrugen in der Saison 2019/2020 pro Verein ca. 4.148 Millionen Euro.

1.4.2 Entwicklung der 3. Liga

Das Vermarktungspotenzial „Fans/Zuschauer*innen" zeigt im Schnitt ein leicht ansteigendes Wachstum. In der Saison 2016/2017 dokumentierte der DFB insgesamt 2,269 Millionen Besucher*innen, in der Saison 2017/2018 denselben Wert wie die Saison 2019/2020 (Deutscher Fußball-Bund e. V. (DFB), 2020). In der Saison 2018/2019 wurde mehr als drei Millionen Besucher*innen in der 3. Liga gezählt - ein Rekord. Aufgrund der Corona-Krise sind die Zahlen wieder gesunken, jedoch rechnen Experten damit, dass die 3. Liga stets mehr Interessenten und Fans gewinnt und dadurch die Bekannt- und Beliebtheit der dritt höchsten deutschen Fußballliga steigen. Diese Analyse ist ebenfalls auf den Besucherschnitt zu übertragen, bei dem ebenfalls die Saison 2018/2019 ein Maximum von über 8000 Besucher*innen verzeichnete (Deutscher Fußball-Bund e. V. (DFB), 2020).

Des Weiteren ist ein stetiger Anstieg bei den Zuschauerzahlen im Bereich „Medien" zu erkennen. „In der Saison 2019/2020 wurden rund 1.500 Stunden zur 3. Liga gesendet, der Umfang bewegte sich damit auf leicht höherem Niveau als in der Saison zuvor (1.390 Stunden)" (Deutscher Fußball-Bund e. V. (DFB), 2020). Eine deutliche Steigerung gab es bei den Reichweiten. In der Saison 2018/2019 verzeichnete die 3. Liga 508,76 Millionen Zuschauer*innen und damit knapp 50 Prozent weniger als in der Spielzeit 2017/2018 (Deutscher Fußball-Bund e. V. (DFB), 2020).

Das Vermarktungspotenzial „Sponsoring" verzeichnet einen der signifikantesten Anstiege in den unterschiedlichen Bereichen. Nicht nur der prozentuale Anteil am Gesamtumsatz durch die Vermarktung und Partnerschaften sind in den letzten Jahren stark gestiegen, sondern auch die finanziellen Erträge aus Sponsoringeinnahmen stellen eine kontinuierliche Steigerung über die letzte Saisonjahre dar. In der Saison 2017/2018 wurden im Schnitt pro Verein 2,943 Millionen Euro, in der Saison 2018/2019 3,544 Millionen Euro durch das Sponsoring generiert (Deutscher Fußball-Bund e. V. (DFB), 2020). Mit 4,148 Millionen Euro wurde in der Saison 2019/2020 beinahe ein neuer Rekord aufgestellt. Schließlich ist festzuhalten, dass auch das Sponsoring eine stets wichtigere Bedeutung für Vereine und Institutionen, die als Sponsoren zumeist finanzielle Mittel für die Vereine bereitstellen, einnimmt. Der Fußballsport ist mit immer mehr Ausgaben, aber auch Einnahmen verbunden. Das Interesse und die Beliebtheit der 3. Liga nimmt stetig in der Bevölkerung zu, so dass sich auch diese Liga zu einem interessanten und hart erkämpften Markt für Vereine und Sponsoren entwickelt. Denn nicht nur die sportlichen, sondern auch die wirtschaftliche Ziele aller Akteure stehen hierbei im Vordergrund.

1.5 Customer Fan Journey Map

1.5.1 Buyer Person

Die folgende Abbildung stellt eine Buyer Persona (Weiterentwickelte Zielgruppendefinition) der Generation Z in Bezug auf das Produkt Dauerkarte für den Verein dar.

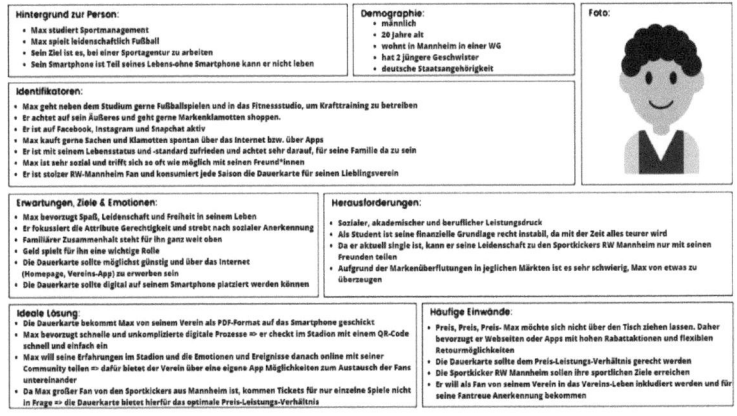

Abb. 2: Buyer Persona (eigene Darstellung)

1.5.2 Map

Die folgende Tabelle stellt für die Person eine Costumer Journey Map für das Produkt Dauerkarte dar.

Tab. 3: Costumer Journey Map (eigene Darstellung)

Steps			
Max wünscht sich eine Dauerkarte	Max lässt sich beim Verein beraten	Max informiert sich nochmal selbstständig	Max kauft sich eine Dauerkarte
Beschreibung			
Da Max großer Fan vom Verein ist, ist er daran interessiert, sich eine Dauerkarte für die Saison zu kaufen. Er lässt sich im Internet und über verschiedene Social-Media-Kanäle inspirieren.	Max lässt sich im Fanshop des Vereins von einem Vereinsmitarbeiter über die Konditionen der Dauerkarte informieren.	Max informiert sich über weitere Plattformen, die der Verein für Informationen bereitstellt, sowie durch persönliche Empfehlungen von Freunden	Max ist überzeugt von den Konditionen der Dauerkarte und kauft sich seine Dauerkarte über den Online-Ticketshop des Vereins.
Storyboard			
Swimlane			
Internet (Vereins-Homepage, Online-Ticketshop, Social-Media)		Internet (Vereins-Homepage, Online-Ticketshop, Social-Media)	Internet (Vereins-Homepage, Online-Ticketshop, Social-Media)
	Persönliche Beratung		
	Printmedien (Vereinszeitung, Reservierungsschreiben)		
		Empfehlungen	
Emotional Lane			
Dramatic Arc			

Emotional Lane values:
+2
+1
0
-1
-2

Dramatic Arc values:
+5
+4
+3
+2
+1

2 Optimierung und Ausschöpfung der Vermarktungspotenziale

2.1 Datenanalyse

Der Verein „Sportkicker Rot-Weiß Mannheim e. V." repräsentiert ein positives und negatives Markenbild. Obwohl der Verein bereits nach dem Gründungsjahr viele sportliche, wirtschaftliche und soziale Highlights erfahren durfte, musste er aufgrund unterschiedlicher Skandale, Korruptionsvorwürfen und wirtschaftlichen Flops in Bezug auf Investitionen und anderen Geldverteilungen negative Kritik erfahren. Das Management des Vereins reagierte und setzte sich mit der Zeit verstärkt für lokale und regionale Projekte sowie Hilfsorganisationen und andere soziale Vereine ein, um sein Markenbild nach außen mit positiven Assoziationen zu verbessern. Allerdings wurden wiederum diese neu gewonnen positiven Eindrücke durch starke Fanunruhen und -ausschreitungen sowie wirtschaftliche und sportliche Flops gehemmt.

Sponsoring ist für den Fußballverein von essenzieller Bedeutung, da hierdurch wichtige finanzielle Mittel generiert werden. Für den organisatorischen Ablauf des Sponsoringprozesses ist nur der Geschäftsführer Torsten Heim verantwortlich, weswegen dem Verein im Sponsoringbereich eindeutige Strukturen fehlen. Torsten Heim ist es jedoch bewusst, dass Strukturen geschaffen werden müssen, um mehr Sponsoren zu akquirieren und dadurch die gesetzten Ziele erreicht werden können.

Die 3. Liga nimmt für die Vereine, Fans und sponsernden Institutionen einen stets wachsenden Stellenwert an, da die Bekanntheit, Beliebtheit und Reichweite dieser Liga sich um jede Saison steigern. Dies ist ebenso auf den Verein aus Mannheim zu übertragen, der durch einen möglichen Aufstieg in die 2. Liga eine deutlich höhere Markenreichweite generieren kann. Selbst in der 3. Liga steigen die Besucher*innenzahlen in den Stadien sowie die Zuschauer*innenzahlen durch die Medien jede Saison an. Durch einen Auftritt über verschiedene Social-Media-Kanäle kann der Verein seine Bekanntheit und Reichweite um ein Vielfaches erhöhen und folglich wachsen.

Folglich muss der Verein neue Strukturen, Aufgabenfelder und konkrete Ziele entwickeln, um die Potenziale der 3. Liga vollkommen und erfolgreich ausschöpfen zu können.

2.2 Maßnahmenplan

Die folgende Tabelle zeigt eine Übersicht eines Maßnahmenplans für die Sportkicker RW Mannheim.

Tab. 4: Maßnahmenplan Sportkicker RW Mannheim e. V. (Darstellung nach Aufgabenstellung)

Maßnahmenplan Sportkicker RW Mannheim e. V.	
Kategorie: Ticketing	
Ziele	Maßnahmen
Zur kommenden Saison will der Verein 50 % seiner verfügbaren Tickets über die Vereins-App an Zuschauer*innen verkaufen. Die anderen 50 % der Tickets sollen weiterhin über den Online-Ticketshop sowie den Verkauf über Telefon/Mail oder an den Vorverkaufsstellen verkauft werden.	Durch die Installation und Einführung einer Vereins-App sollen die Tickets über diese App erwerblich sein. Fans und Zuschauer*innen öffnen die App auf ihrem Smartphone und buchen dort ihre Tickets. Zudem soll die Zahlungsmethode „PayPal" möglich sein, mit der man einfach, direkt und unkompliziert den Ticketpreis an den Verein senden kann. Der Online-Ticketshop sowie der Verkauf über Telefon/Mail oder an den Vorverkaufsstellen bleibt bestehen.
In der kommenden Saison will der Verein 25 % seiner Tickets für alle Heimspiele über eine Drittanbieter-Plattform, die offiziell und legal Fußball-Bundesliga-Tickets verkauft, an Zuschauer*innen verkaufen. Im Gegenzug erhält die Ticketplattform eine Provision von 50 % vom originalen Ticketpreis je verkauftem Ticket.	Der Verein beginnt eine Kooperation mit Ticket-Plattformen, die als Drittanbieter Tickets für Heimspiele an Zuschauer*innen verkaufen. Ein Beispiel hierfür ist die Plattform „StubHub", auf der man Tickets für Bundesliga-Spiele erwerben kann. Der Verein stellt 25 % seiner Tickets dem Drittanbieter zur Verfügung, der diese weiterverkauft.
Kategorie: Sponsoring	
Ziele	Maßnahmen
Die digitale LED-Anzeigetafel soll zur kommenden Saison installiert werden, damit die Sponsoren während eines Spiels intensiv präsentiert werden können. Die neue LED-Tafel soll beispielsweise die Werbung eines Sponsors für genau 60 Sekunden zeigen, bis die Werbung des nächsten Sponsors erscheint. Für die Werbung ist der Sponsor zuständig. Nachdem alle Werbeinhalte der Sponsoren, die die digitale Sponsorentafel in ihrem Sponsoringpaket gebucht haben, gezeigt wurden, beginnt die Anzeigereihenfolge der Sponsoren von vorne.	Der Verein investiert finanzielle Mittel in eine LED-Sponsorentafel, die in die Ecke zwischen Süd- und West-Tribüne installiert wird. Diese Position wird gewählt, da knapp. Der Vorteil der digitalen LED-Tafel liegt darin, dass diese individuell gestaltet und geschaltet werden kann sowie als eine Art Zuschauermagnet fungiert.

Zur kommenden Saison sollen bis zu 10 Sponsoren auf den neu eingerichteten Social-Media-Kanälen des Vereins mit einer Verlinkung zu deren Webseiten sowie Social-Media-Kanälen platziert werden. Der Verein will sich auf Facebook, Instagram und Snapchat präsentieren. Angestrebt sind folgende Followerzahlen in 6 Monaten: Facebook: 10.000; Instagram: 20.000; Snapchat: 2.000

Der Verein stellt eine Person ein, die für den Social-Media-Auftritt in Zukunft zuständig ist. Es wird jeweils ein Account auf Facebook, Instagram und Snapchat erstellt sowie regelmäßig verwaltet und geupdatet. Die Sponsoren werden auf alle neuen Kanälen mit ihren Logos sowie Links zur Unternehmens-Homepage zur Eigenvermarktung platziert. Je mehr Follower der Verein generiert, desto größer sind seine Reichweite und Bekanntheit.

Kategorie: Stadionwerbeflächen	
Ziele	Maßnahmen
Die digitale Bande soll zur kommenden Saison installiert werden, damit mehrere Sponsorenwerbungen während eines Spiels präsentiert werden können. Die neue Bande soll die Werbung eines Sponsors für genau 30 Sekunden zeigen, bis die Werbung des nächsten Sponsors erscheint. Für die Werbung ist der Sponsor zuständig. Nachdem alle Werbeinhalte der Sponsoren, die die digitale Bande in ihrem Sponsoringpaket gebucht haben, gezeigt wurden, beginnt die Werbereihenfolge der Sponsoren von vorne.	Der Verein investiert finanzielle Mittel in die lange Werbebande gegenüber der Ost-Tribüne sowie dem Gästebereich, da auf dieser Seite zwei Kamerastationen installiert sind. Diese fokussieren die neue digitale Bande in perfekter Position. Vorteil der digitalen Bande ist, dass die Werbeflächen mehrerer Sponsoren in regelmäßigen Zeitabschnitten dargestellt werden können. Der Verein kann also in derselben Spielzeit mehr Werbung zeigen als mit analogen Banden.
In der kommenden Saison sollen 10 Unternehmen die Möglichkeit haben, ihre Werbung auf 25 Meter hohen Fahnen bei allen Heimspielen platzieren zu können.	Der Verein stellt große Fahnenmasten rund um das Stadion in regelmäßigen Abständen von 100 Metern auf. Die Masten werden mit Fahnen behangen, auf denen das Logo und der Unternehmensslogan der Sponsoren bedruckt ist. Je mehr Geld ein Sponsor bzw. ein werbendes Unternehmen dem Verein überträgt, desto mehr Fahnen dürfen sie um das Stadion zur Eigenvermarktung aufhängen.

3 Sponsoringverhandlung

In der folgenden Tabelle wird eine Argumentationskette auf mögliche sechs wesentliche Fragen des potenziellen zukünftigen Sponsors MVV (Mannheimer Energieunternehmen) dargestellt.

Tab. 5: Argumentationskette (Darstellung nach Aufgabenstellung)

Fragen des Interessenten	Mögliche Antwort/Argumente	Daten/Fakten/Beispiele
Wie viele Sponsoren haben sie bereits?	Wir arbeiten derzeit mit zehn verschiedenen Unternehmen zusammen, die uns als Sponsoren zum Erreichen der Vereinsziele unterstützen.	Quelle Aufgabenstellung: „Sponsoren"
Welche Sponsoring Leistungen bieten Sie an?	Wir bieten unseren Sponsoren eine Vielzahl von möglichen Leistungen an. Zum einen vergeben wir Werberechte für eine Banden-, Print- und Trikotwerbung sowie für die Stadionanzeige. Zum anderen kann sich ein Sponsor die Namensrechte für das Stadion sichern. Schließlich übergeben wir Zugangsrechte zu unseren VIP-Bereichen im Stadion.	Quelle Aufgabenstellung Interview: Z. 134-164
Wie viele Rechtepakete bieten Sie als Sponsoring Leistungen an?	Wir bieten derzeit sechs verschiedene Rechtepakete unseren Sponsoren an. Jedes Rechtepaket enthält unterschiedliche Lizenzen und Zusatzleistungen, die wir unseren Sponsoren zur Verfügung stellen.	Quelle Aufgabenstellung Interview: Z. 180-185 Beispiel: Rechtepaket 1: Logo Platzierung auf Homepage + Bandenwerbung + 1 Stadiondurchsage bei Heimspielen
Was wäre ein realistischer Preis, den wir als potenzieller Trikot-Hauptsponsor an Sie zahlen müssten?	Für die Vergabe unserer Trikotwerberechte erwünschen wir uns unterschiedliche, jedoch festgelegte Preise. Nun zeigen Sie ein hohes Interesse am Erwerb der Trikot-Hauptsponsoringrechte, die wir für die Saison 2021/2022 noch nicht vergeben haben. Für diese kommende Saison fordern wir von unserem Trikot-Hauptsponsor 400.000 €, da wir unsere sportlichen Ziele erreichen wollen.	400.000€ für die Saison 2021/2022 Wert wurde geschätzt anhand der Ertragstabelle „Erträge 2020/2021" aus der Aufgabenstellung
Über welche weiteren Kommunikationsplattformen werden Ihre Sponsoren dargestellt?	Wir präsentieren unsere Sponsoren in unserer Vereinszeitung, auf den Tickets zu Heimspielen sowie in unserem regelmäßigen Newsletter. In Planung stehen die Bereiche Social-Media, Homepage und Vereins-App. Über diese Kommunikationswege wollen wir unsere Sponsoren ebenso zukünftig repräsentieren und vermarkten	Quelle Aufgabenstellung Interview: Z. 287-299
Inwiefern werden die Sponsoren über die Entwicklung des Vereins informiert und in das Vereinsgeschehen mit eingebunden?	Das geschieht noch zu den Heimspielen in der VIP-Lounge. Da wir mit unseren Sponsoren stets in enger Zusammenarbeit und in einem intensiven Austausch stehen, bieten wir den Unternehmen die Möglichkeit, mit den Spielern, dem Trainerteam oder auch dem Präsidium zu sprechen und sich auszutauschen.	Quelle Aufgabenstellung Interview: Z. 101-107

4 Ausblick: Der Verein der Zukunft

4.1 Zukunftsrelevante Themen

Medienrechte: Im Fußballsport dominieren aktuell deutlich die Fernsehrechte. So belaufen sich allein die Einnahmen aus der Vermarktung von Medienrechten an Spielen der nationalen (inklusive DFB-Pokal) und internationalen Wettbewerbe aus der Saison 2018/2019 auf 250,5 Millionen Euro (DFL Deutsche Fußball Liga, 2020). Dies ist fast ein Drittel des Gesamtertrags (32 %). In den letzten Jahren drängen zudem vermehrt neue Medien und Streaming-Anbieter auf den Markt, die die Reichweite der Liga erhöhen sowie intensivieren und eine Interaktivität zwischen Sender und Zuschauer ermöglichen (Franzke, 2020).

Werberechte & Sponsoringrechte: Aufgrund der zunehmenden TV-Präsenz haben die generierten Einnahmen aus Werbung und Sponsoring stark zugenommen und repräsentieren mittlerweile die zweitgrößte Einnahmequelle in der 2. Bundesliga (Sponsors, 2019). Durch seine Beliebtheit und Popularität fungiert der Fußball für die Werbewirtschaft als optimaler Werbeträger. Auch die Vermarktung der Trikotsponsoren, Ausrüster und des Stadionnamens stellt eine bedeutende Einnahmequelle dar (Sponsors, 2019). In der Saison 2018/2019 betrug der Anteil am Gesamtertrag aus der Werbung, also v.a. Einnahmen aus Verträgen mit Haupt- und Trikotsponsoren sowie stadion- und clubgeborenen Rechten, 20,2 % (158,1 Millionen Euro) (DFL Deutsche Fußball Liga, 2020).

Ticketing: In der 2. Bundesliga der Saison 2018/2019 betrug der Anteil der Gesamterlöse aus dem Ticketverkauf 16,8 % (131,3 Millionen Euro) (DFL Deutsche Fußball Liga, 2020). Noch heutzutage wird dem Absatz von Tickets, trotz des gesunkenen Anteils am Gesamtumsatz, ein ausgesprochen großer Stellenwert zuteil, da die Atmosphäre in den Stadien den Wert des Produkts „Fußball" maßgeblich steigert und sich dementsprechend stark auf die Vermarktung der medialen Rechte aus auswirkt. Folglich sind die indirekten Einnahmen aus der Vermarktung der Tickets nicht zu unterschätzen.

4.2 Abteilung Markenmanagement

Ich befürworte die Aussage, dass Vereine in der 3. Liga gut beraten sind, eine eigene Abteilung Markenmanagement zu integrieren.

Die zunehmende Globalisierung, wachsende Vernetzung mit anderen Gesellschaftsbereichen und Kommerzialisierung machen den Fußballsport zu einem globalen und offenen Markt mit eigenen ökonomischen Gesetzen. Auch die 3. Liga ist für Fans sowie Unternehmen enorm vielfältig und attraktiv geworden. Auf der Anbieterseite stehen die Sportler selbst und die Verbände. Auf der Nachfragerseite die Zuschauer, die Sponsoren und natürlich die Medien. Damit die 3. Ligisten ihre Marke und ihr Image auf die Nachfragerseite tragen können, stellt eine professionelle Vermarktung von Vereinen einen unverzichtbaren Bestandteil des modernen Fußballgeschäfts dar. Die Fußballvereine haben zumeist eine große, treue und leidenschaftliche Fan-Basis, die durch den Sport und das Erlebnis bei Spielen emotional berührt werden (Jakobsen, 2019). Das Ziel des Markenmanagements ist es nun, diese Emotionen und Gefühle mit der Vereinsmarke zu verbinden und dadurch das eigene Image zu stärken. Schließlich stärkt ein guter Markenaufbau die Bindung zwischen Vereins und Fans. Auf der anderen Seite müssen sich Fußballvereine als Marke positionieren, um somit für Sponsoren interessant zu werden und weitere wichtige finanzielle Einnahmen zu generieren. „Durch gezielte Vermarktungsmechanismen versuchen die Vereine, im Rennen um Fernseh- und Sponsorengelder gegen die Konkurrenz bestehen. Die Weiterentwicklung zur Marke ist dabei ein logischer Schritt, denn so lässt sich der eigene Verein leichter [...] positionieren" (Jakobsen, 2019). Aufgrund der stetig voranschreitenden Digitalisierung und der steigenden Anzahl von Medienunternehmen, Streaming-Diensten sowie Social-Media-Plattformen ist es für Vereine ein Argument mehr, professionelles Markenmanagement zu betreiben. Die Digitalisierung hat sich in den letzten Jahren nachhaltig auf das Verhalten der Konsumenten ausgewirkt, da heutzutage der Content nicht mehr nur konsumiert, sondern vor allem in den sozialen Medien in großer Menge kommentiert, kritisiert oder viral weiterverbreitet wird (Jakobsen, 2019). Zudem bieten sich auch immer wieder Möglichkeiten für die Präsentation von Sponsoren, die den Wert der reichweitenstarken Medien zu schätzen wissen (Jakobsen, 2019).

5 Literaturverzeichnis

Deutscher Fußball-Bund e. V. (DFB). (2020). *3. Liga Saisonreport 2019/2020.* Zugriff am 09.08.2021. Verfügbar unter https://www.dfb.de/fileadmin/_dfbdam/233869-Saisonreport_3Liga_19_20_RZ_lay.pdf

DFL Deutsche Fußball Liga. (2020). *WIRTSCHAFTSREPORT 2020 - DIE ÖKONOMISCHE SITUATION IM DEUTSCHEN LIZENZFUßBALL.* Zugriff am 20.08.2021. Verfügbar unter https://media.dfl.de/sites/2/2020/02/DE_DFL_Wirtschaftsreport_2020_M.pdf

Franzke, R. (30. November 2020). *Medienerlöse der Zweitligisten 2020/21 - Düsseldorf erhält am meisten.* Zugriff am 20.08.2021. Verfügbar unter https://www.kicker.de/medienerloese-der-zweitligisten-2020-21-duesseldorf-erhaelt-am-meisten-790990/artikel

Jakobsen, G. (18. Dezember 2019). *Fußballvereine zwischen Markenmanagement und Tradition.* Zugriff am 22.0.2021. Verfügbar unter https://www.fussballdaten.de/news/mixed-zone/fussballvereine-zwischen-markenmanagement-und-tradition-2019-12-18/

Marketinginstitut. (06. August 2018). *Das Eisbergmodell oder die Sichtbarmachung der Beziehungsebene.* Zugriff am 05.08.2021. Verfügbar unter https://www.marketinginstitut.biz/blog/eisbergmodell/

MVV Energie AG. (2021). *MVV.* Zgriff am 17.08.2021. Verfügbar unter https://www.mvv.de/de/

Rabe, L. (03. Juni 2021). *Anteil der Internetnutzer, die in den letzten drei Monaten soziale Netzwerke genutzt haben, nach Altersgruppen in Deutschland im Jahr 2020.* Zugriff am 09.08.2021. Verfügbar unter https://de.statista.com/statistik/daten/studie/509345/umfrage/anteil-der-nutzer-von-sozialen-netzwerken-nach-altersgruppen-in-deutschland/

Sackmann, C. (17. Juni 2016). *Selbst Drittliga-Kicker verdienen wie Top-Banker - aber mit einem Haken.* Zugriff am 10.08.2021. Verfügbar unter https://www.finanzen100.de/finanznachrichten/wirtschaft/116-000-euro-pro-jahr-selbst-drittliga-kicker-verdienen-wie-top-banker-aber-mit-einem-haken_H254104146_288017/

Schlaffke, W. & Schumann, O. (2021). *Studienbrief - Vermarktung und Vertrieb in Sportmärkten* (rev.25.021.000) Saarbrücken: Deutsche Hochschule für Prävention und Gesundheitsmanagement.

Sponsors. (22. August 2019). *2. Bundesliga: Der SPONSORs-Vermarktungscheck.* Zugriff am 19.08.2021. Verfügbar unter https://www.sponsors.de/news/themen/2-bundesliga-der-sponsors-vermarktungscheck?active=1

Sponsors. (14. November 2019). *Warum Clubs in der 3. Liga dazu neigen, risikoreich zu wirtschaften.* Zugriff am 19.08.2021. Verfügbar unter https://www.sponsors.de/news/themen/warum-clubs-der-3-liga-dazu-neigen-risikoreich-zu-wirtschaften

Zeppenfeld, B. (08. November 2019). *Geschätzte Anzahl der Sportfans weltweit nach Sportarten.* Zugriff am 11.08.2021. Verfügbar unter https://de.statista.com/statistik/daten/studie/387554/umfrage/anzahl-der-sportfans-weltweit/

Zeppenfeld, B. (13. Juli 2021). *Umsatz der 1. und 2. Fußball-Bundesliga von der Saison 2004/2005 bis zur Saison 2019/2020.* Zugriff am 11.08.2021. Verfügbar unter https://de.statista.com/statistik/daten/studie/4867/umfrage/entwicklung-der-erloese-in-der-ersten-und-zweiten-fussballbundesliga/

6 Abbildungs- und Tabellenverzeichnis

6.1 Abbildungsverzeichnis

6.2 Tabellenverzeichnis

BEI GRIN MACHT SICH IHR WISSEN BEZAHLT

- Wir veröffentlichen Ihre Hausarbeit,
  Bachelor- und Masterarbeit

- Ihr eigenes eBook und Buch -
  weltweit in allen wichtigen Shops

- Verdienen Sie an jedem Verkauf

Jetzt bei www.GRIN.com hochladen
und kostenlos publizieren